(Conserver la couverture)

DISCOURS

A L'OCCASION DU

50ᵉ ANNIVERSAIRE de la CONSÉCRATION SACERDOTALE

DE

M. LE CHEVALIER J. GORLIER

ANCIEN AUMONIER EN CHEF D'UN CORPS D'ARMÉE ITALIEN
ET ANCIEN CURÉ DE CHAUMONT,

Prononcé le 19 Avril 1885

DEVANT UNE NOMBREUSE ASSEMBLÉE DE SES AMIS ECCLÉSIASTIQUES ET AUTRES

Présidée par

S. G. Mgr Edouard-Joseph ROSAZ, évêque de Suze et Comte.

PAR L'ABBÉ BERTRAND

De Chaumont.

GRENOBLE
BARATIER ET DARDELET, IMPRIMEURS-LIBRAIRES
—
1885

MONSEIGNEUR,

Daignez permettre à un enfant de Chaumont, de vous exprimer, au nom de ses concitoyens, la joie que leur fait éprouver la présence de Votre Grandeur à la fête de notre ancien et cher pasteur. Nous en sommes d'autant plus heureux et reconnaissants que les bénédictions célestes descendent sur les populations honorées de votre visite. Votre grande charité nous en fait encore plus sentir le prix; car tous vos pas sont marqués par des bienfaits; la ville épiscopale et chaque contrée de la province en rendent témoignage et proclament que l'enfance et la jeunesse, la veuve et l'orphelin, le malade, l'indigent et les victimes de catastrophes imprévues, tous ceux qui ont besoin d'instruction, de consolation et de secours, trouvent dans votre cœur paternel, lumière, conseil, asile et protection. En un mot, votre charité accomplit en tout ce que saint Paul disait aux Corinthiens : *Libenter impendam et super impendar ipse animabus vestris* (1). Vous donnez tout ce que vous avez, et vous vous donnez vous-même. Voilà ce que publie la reconnaissance de vos prêtres et de vos fidèles; et l'écho de nos vallées et de nos montagnes l'ont transmis bien au-delà de nos frontières. — Devant cette

(1) II ad. Cor. xii-15.

multiplicité d'œuvres apostoliques, je ne puis qu'admirer et dire avec le Sage de l'Ecriture : *Dat tibi Dominus sedium suarum assistricem sapientiam* (1), Dieu vous fait participer à la sagesse qui siège sur son trône. — Monseigneur, vivez de longues années afin d'atteindre le but de vos désirs, qui est de remplir de cette divine sagesse l'esprit et le cœur de vos chers diocésains !

Messieurs,

La solennité de ce jour nous a procuré l'avantage d'entendre ce matin, l'éloquent et beau discours de M. l'Archiprêtre de Bussolin. Je voudrais aussi, dans cette heureuse circonstance, offrir à M. le chevalier Gorlier, l'hommage de mon amitié. Mais je ne saurais lui rendre ce tribut du cœur, qu'en vous rapportant ce que la renommée m'a appris de lui sur la terre de France où le ciel m'a conduit. Ce que j'ai à vous dire, Messieurs, vous le savez tous mieux que moi. Néanmoins, j'ose solliciter votre indulgence et vous prier d'excuser le vif sentiment auquel je ne puis résister.

Et vous, cher ami, que votre modestie n'en soit point offensée ; tout en la ménageant, si je cachais la vérité, cette honorable assemblée ne me le pardonnerait pas. D'ailleurs, je ne ferai que rappeler brièvement les principaux faits de votre carrière que je trouve résumés dans ces deux paroles de nos livres saints :

Gloria filiorum, pater eorum (2).
Vir peritus multos erudivit (3).

(1) Sapient. ix-4. — (2) Proverb. xxvii, 6. — (3) Ecclés. xxvii, 22.

La gloire du père rejaillit sur ses enfants. L'homme érudit répand la lumière dans un grand nombre d'esprits.

I. — Les liaisons de la jeunesse sont les plus douces et les plus durables, quand elles sont cimentées par les sentiments religieux. M. Gorlier, dès son enfance, m'avait inspiré une vive sympathie. Mon départ de Chaumont m'empêcha d'avoir avec lui des rapports suivis; mais dès que je pus le compter parmi mes frères dans le sacerdoce, je fus heureux d'entendre parler de ses succès. Son goût pour l'étude, la vivacité de son esprit et la noblesse de son caractère m'avaient déjà révélé qu'il serait un jour un digne ministre des autels et l'honneur de son pays. En effet, il manifesta bientôt son zèle pour le salut des âmes et un vif amour pour sa patrie. Durant quelque temps, il se recueillit et invoqua l'Esprit de lumière sur le genre d'apostolat qui lui était destiné. Et lorsqu'il eût connu la volonté divine, il consacra ses talents et les ardeurs de sa piété à l'instruction chrétienne des jeunes militaires, parce qu'il y trouvait un vaste champ pour son religieux patriotisme.

Cette mission, outre la science, exigeait certaines qualités dont M. Gorlier était merveilleusement doué: des sentiments chevaleresques, joints à des manières propres à s'attirer l'estime et la confiance des officiers; une affabilité digne et généreuse pour gagner le cœur des soldats; la sagesse et le tact pour les diriger dans les voies de la vertu et de l'honneur, et leur faire aimer la religion qui, à son tour, fait aimer la patrie jusqu'à donner son sang pour elle. Dans ses instructions courtes, mais riches en fortes pensées,

M. Gorlier savait se plier à l'intelligence et au caractère de ses auditeurs et rendait la vérité aimable par l'onction pénétrante de sa parole. Ses discours ne furent ni stériles ni oubliés. Mais tout cela se passait dans les paisibles garnisons des villes d'Italie. Ce fut autre chose dans les camps. Je veux parler de la guerre de Crimée qui ouvrit une nouvelle et large voie à son dévouement, et pendant laquelle il avait une juridiction supérieure à celle de ses collègues.

La conquête de Sébastopol, en attestant l'habile stratégie et le courage des vainqueurs, a laissé un honorable souvenir du chef spirituel de l'armée italienne. D'où venait à celle-ci ce *brio* par lequel elle égalait l'ardeur impétueuse des français ses alliés ? Sans doute la valeur est naturelle au cœur italien ; on en a vu la preuve dans les grandes batailles du premier empire, où un régiment piémontais reçut et conserva constamment le titre *d'invincible* ; sans doute la défense de la religion et de la patrie, un danger menaçant pour ceux que l'on aime peuvent faire surgir des héros ; mais ici rien de pareil ; il s'agissait uniquement de protéger un peuple lointain contre l'invasion d'un redoutable ennemi. Il fallait donc d'autres motifs puissants pour soutenir le courage des soldats ; il fallait leur représenter la couronne que le Dieu des armées réserve aux intrépides qui combattent pour le droit de l'humanité ; il fallait leur promettre une glorieuse mention dans l'histoire et leur montrer combien leur valeur produirait de faits semblables dans la postérité, faits dont ils partageraient le mérite devant Dieu et devant les hommes.

C'est ce que fit M. Gorlier en leur communiquant sa foi et son patriotisme. Il fit plus, il leur donna l'exemple en bravant les périls ; il se tint au milieu d'eux sous les coups de la mitraille, applaudissant aux braves, encourageant et consolant les blessés et, avec les secours de la religion, ouvrant aux mourants les portes de l'heureuse immortalité.

Cet héroïsme chrétien fut hautement apprécié des puissances victorieuses, et l'aumônier général de l'armée italienne revint de cette campagne, non pas enrichi de la dépouille des vaincus, mais avec la satisfaction d'avoir rempli ses devoirs envers la religion et la patrie, et avec la poitrine ornée de décorations aussi honorables pour son pays que pour lui-même. Les habitants de Chaumont doivent en être fiers, eux qui reçoivent un reflet des honneurs mérités par leur concitoyen que la Providence destinait à devenir leur père spirituel. C'est ainsi que la gloire du père rejaillit sur ses enfants : *Gloria filiorum, pater eorum.*

II. — L'amour de M. Gorlier pour ses soldats ne lui fit pas oublier son pays de naissance ; et il eût bientôt occasion de lui consacrer ses forces que n'avaient point épuisées tant de travaux et de sacrifices, car sa jeunesse semblait se renouveler comme celle de l'aigle (1). A peine se reposait-il sur ses lauriers, que son évêque, voulant utiliser les loisirs d'un prêtre digne de son estime, lui offrit l'administration de la paroisse de Chaumont.

A cette époque, vous le savez, messieurs, de malheureux changements, sous le rapport religieux, s'étaient opérés dans les esprits, ici comme ailleurs. Malgré le zèle de ses pasteurs, mon pays en avait

(1) Psal, 102, v. 5.

subi d'assez graves atteintes ; la foi des aïeux n'était plus aussi vive ; la chaire chrétienne avait moins d'auditeurs ; les sacrements n'étaient plus aussi fréquentés et les mœurs publiques en souffraient. A mon avis, voici la cause première et principale de cet affaiblissement religieux.

Sous l'influence de doctrines anti-chrétiennes, un mouvement désordonné agitait plusieurs classes de la société ; ses progrès s'étendirent rapidement, par les mille voix d'une presse effrénée, des villes jusqu'aux hameaux les plus reculés des campagnes. Dans ces doctrines, on attaquait le centre de l'unité catholique ; on abaissait l'autorité divine de l'Église sous le joug des lois humaines ; et par là, on excitait les peuples à abandonner toute croyance et à se livrer à la licence sans crainte et sans remords.

Pendant sa carrière militaire, M. Gorlier avait déjà lutté contre ces funestes erreurs. Mais, sachant ce que le Sauveur avait dit à propos des habitants de Nazareth, faudrait-il s'étonner qu'il eut hésité à rentrer en lice dans son propre pays ? Cependant, la volonté divine s'étant manifestée par celle de son évêque, il fit abnégation de lui-même et entreprit avec zèle d'éclairer les indifférents, d'encourager les timides, de ramener les âmes faibles à la vertu, de faire fleurir la piété, seule et véritable source du bonheur particulier et de la prospérité publique. Tel est l'édifiant témoignage que les âmes chrétiennes rendent du ministère de M. Gorlier. J'y ajoute ce que j'ai vu moi-même dans une circonstance mémorable de ma vie.

En 1877, à l'invitation de M. Gorlier, je vins renouveler ici le cinquantième anniversaire de mon sacerdoce ; je vis presque tous les fidèles de Chaumont, répondant à l'appel de leur pasteur, célébrer la fête de la Pentecôte avec un saint recueillement. Honoré de l'assistance de mon ami et de son aimable vicaire, je montai à l'autel tout ému de ce touchant spectacle, ainsi que des paroles bienveillantes qui me furent adressées et dont j'ai gardé le souvenir pour tâcher de devenir tel que l'indulgente amitié m'avait représenté. — Le même jour, j'eus une seconde preuve de la foi de mes concitoyens, lorsque accompagnant le vénéré pasteur, dans Chaumont, nous fûmes partout accueillis avec une respectueuse affabilité. Cet accueil spontané était évidemment un hommage rendu à la Religion dans la personne de ses ministres.

Et n'avons-nous pas vu ce matin un spectacle plus touchant encore dans ce grand nombre de fidèles accourus pour fêter avec joie l'anniversaire sacerdotal de leur ancien pasteur et lui donner ainsi le témoignage le plus sincère de leur reconnaissance et de leur filiale piété. Ces démonstrations attestent, d'une part, que les habitants de Chaumont sont toujours attachés à la foi de leurs pères ; d'autre part, que M. Gorlier a su les y maintenir et la leur faire de plus en plus aimer, malgré la diffusion des maximes impies ; et qu'il a été vraiment l'homme érudit qui répand la lumière dans un grand nombre d'esprits : *Vir peritus multos erudivit*.

Enfin, lorsqu'avec l'âge ses forces s'affaiblirent, avant de prier son évêque de le décharger de ses fonctions, il se demanda par quelle bonne œuvre il pourrait couronner son ministère pastoral ; et il sentit dans son cœur retentir ces paroles du prophète : *Zelus domus tuæ comedit me* (1). Plein de ce sentiment, et malgré des difficultés inattendues, il fit embellir son église d'une manière digne de la majesté divine, donnant ainsi à ses paroissiens une nouveau motif de se souvenir de lui devant Dieu.

Oui, digne vétéran de la milice sainte, ces peintures, de même que vos œuvres pastorales feront longtemps bénir votre nom. Quant à vous, après une carrière parfois semée d'épreuves, mais pleine de mérite, vous avez la consolation de voir vos chères ouailles entre les mains d'un confrère qui, en peu de temps, a déjà su acquérir la confiance de tous. Dans votre retraite, vous n'oublierez pas ceux que vous avez aimés ; vous continuerez d'implorer pour eux les bénédictions du Très-Haut. Puissiez-vous atteindre l'âge des patriarches afin d'être encore un ange tutélaire pour mon pays !

Et vous, jeune pasteur de Chaumont, dont les estimables qualités ont devancé les leçons et l'expérience de l'âge, souffrez qu'en finissant ce faible discours, je vous adresse une prière en faveur de mes concitoyens ; c'est que vous dirigiez longtemps cette paroisse avec tout le fruit et les consolations que votre bon cœur peut désirer, et que vous réalisiez à son égard cette parole de l'Esprit-Saint : *Ingressus sum pactum tecum et facta es mihi* (2).

Par le pacte sacré qui s'est fait entre nous,
Vous êtes toute à moi et je suis tout à vous.

(1) Psalm. LXVIII. 10. — (2) Ezech. XVI.

www.ingramcontent.com/pod-product-compliance
Lightning Source LLC
Chambersburg PA
CBHW071423060426
42450CB00009BA/1989